PRIX : 10 CENTIMES

COMMENT LES BONAPARTISTES

PRATIQUENT

L'APPEL AU PEUPLE

PAR

HENRI BÉRAUD

Rédacteur de la *Tribune* de Bordeaux.

EN VENTE

CHEZ TOUS LES LIBRAIRES

1874

Bordeaux. — Impimerie Aug. Bord, rue Porte-Dijeaux, 91.

COMMENT LES BONAPARTISTES

PRATIQUENT

L'APPEL AU PEUPLE

I

Il n'y a de véritable appel au peuple que lorsque le pays vote en toute liberté, sans pression d'aucune sorte.

C'est pourquoi le parti républicain, gardien fidèle de l'indépendance du suffrage, repousse l'appel au peuple des bonapartistes, mensonge grossier à l'aide duquel les agents d'affaires de la famille Bonaparte espèrent ramener l'empire.

Lorsqu'on les accuse de fausser, par leur appel au peuple, les principes élémentaires du suffrage universel, les bonapartistes crient à la calomnie.

Pour faire justice de ces clameurs, il suffit de rappeler les tristes événements du coup d'Etat de décembre 1851, préliminaires de ce premier appel au peuple des bonapartistes qui donna naissance à l'empire ! A ceux qui ont oublié les enseignements de l'histoire, il faut rappeller les circonstances au milieu desquelles le parti bonapartiste consulta la nation épouvantée, terrorisée par les assassinats et les transportations de décembre, et l'on verra si ce sont là des circonstances qui permettent le fonctionnement régulier du suffrage universel ! On verra si l'appel au peuple ainsi compris n'est pas une immense duperie organisée par un parti d'intrigants et d'ennemis du repos public !

« *L'empire restauré sera le régime de* 1852 *dans toute sa splendeur!* » a dit un fervent bonapartiste, M. Paul de Cassagnac. Il n'est pas possible d'avouer avec une franchise plus brutale que les bonapartistes n'ont rien perdu de leur audace et qu'ils emploieront pour rétablir l'empire les moyens violents qui leur ont permis d'être, pendant vingt ans, les maîtres absolus de la France. Ce qu'ils ont fait, ils sont prêts à le refaire !

Puisque l'histoire nous a conservé leurs procédés pour consulter le peuple, sachons au moins profiter de ses enseignements, et que le passé nous serve de leçon pour l'avenir !

II.

Le 2 décembre 1851, Paris apprenait que » l'Assemblée nationale était dissoute », que « l'état de siége était décrété dans toute l'étendue de la première division militaire » et que « le peuple français était appelé dans ses comices » pour voter par *oui* ou par *non*, sur le plébiscite suivant :

« Le peuple français veut la continuation et
» le maintien de l'autorité de Louis-Napoléon
» et lui délègue les pouvoirs nécessaires pour
» établir une constitution. »

Louis-Napoléon Bonaparte, le futur traître de Sedan, qui violait la constitution à laquelle il avait juré fidélité, faisait un appel au peuple !

Pendant la nuit du 1er au 2 décembre, les ouvriers de l'Imprimerie Nationale avaient été consignés sous prétexte d'un travail urgent à faire. A minuit, une compagnie de gendarmes mobiles était entrée dans la cour de l'imprimerie, et des sentinelles avaient été placées à toutes les issues.

C'est ainsi que, sans éveiller les soupçons au dehors, les complices de Bonaparte purent faire exécuter les affiches qui annonçaient le coup d'Etat.

Ce qu'il importait surtout, pour le succès de

ce brigandage, c'était de réduire à l'impuissance les députés ou les chefs de l'opposition qui pouvaient, par un appel aux armes, provoquer la résistance.

Le 2 Décembre, à 6 heures du matin, le palais de l'Assemblée était envahi par le colonel Espinasse, à la tête du 62e régiment d'infanterie. Le chef du bataillon de garde, le commandant Meunier, veut s'opposer à cet envahissement : « Vous me déshonorez ! » s'écrie-t-il, en s'adressant au colonel Espinasse ; il arrache ses épaulettes, brise son épée et la foule aux pieds. Cet acte d'énergie n'arrête pas les envahisseurs qui occupent bientôt militairement le palais de l'Assemblée.

Pendant ce temps, les quarante commissaires de police de Paris procédaient à l'arrestation de seize représentants du peuple accusés de « complot contre la sûreté de l'Etat et de détention d'armes. » Il fallait bien un prétexte pour s'en débarrasser ! Soixante autres citoyens étaient victimes des mêmes mesures arbitraires. Tous étaient, depuis quinze jours, surveillés et comme gardés à vue par la police.

Quelques instants après, trente mille hommes environ, infanterie, artillerie, cavalerie, occupaient militairement Paris.

Deux cent vingt députés, expulsés du Corps

législatif par le colonel Espinasse, avaient pu se réunir à la mairie du 10ᵉ arrondissement. A peine leur délibération était-elle commencée pour protester contre le coup d'Etat, que le général Forey arrive à la tête de ses troupes pour les disperser et les fait conduire à la caserne du quai d'Orsay, entre deux haies de soldats !

D'autres députés, membres de la gauche, qui s'étaient réunis chez M. Crémieux, ne tardèrent pas à être arrêtés et conduits à la Conciergerie.

Un comité de résistance put se former, cependant, composé de Victor Hugo, d'Emmanuel Arago, de Schœlcher, de Baudin, d'Esquiros, d'autres encore. C'est de ce comité que partit l'insurrection contre le coup d'Etat. Rendez-vous fut pris pour le lendemain, 3 décembre, au faubourg Saint-Antoine.

Le lendemain, en effet, les représentants du peuple mirent leur écharpe et descendirent la rue du Faubourg Saint-Antoine, en criant : « *Aux armes! Aux barricades! Vive la Constitution! Vive la République* ! Des barricades furent aussitôt construites. La mort de l'héroïque Baudin, sur l'une d'elles, ranima l'ardeur des combattants, et bientôt les efforts des défenseurs de la loi se multiplièrent.

Que faisaient, pendant ce temps, les criminels

complices du coup d'Etat ? Ils ne se dissimulaient pas la gravité de la situation, puisque le préfet de police Maupas écrivait à de Morny, ministre de l'intérieur :

« Je dois dire que *je ne crois pas que les sym-*
» *pathies populaires soient avec nous. Nous ne*
» *trouvons d'enthousiasme nulle part. Ceux qui*
» *nous approuvent sont tièdes*; ceux qui nous
» combattent sont d'un acharnement inexpri-
» mable. »

A quoi Morny répondait :

« Il n'y a qu'avec une abstention entière, en
» cernant un quartier et *en le réduisant par la*
» *famine,* ou *en l'envahissant par la terreur,*
» qu'on fera la guerre des villes !

C'était la sauvagerie poussée jusqu'à l'excès !

Le soir même, un arrêté du ministre de la guerre portait : « Tout individu pris, construisant ou défendant une barricade, les armes à la main, *sera fusillé.* » Le général Saint-Arnaud voulait qu'on exécutât à la lettre son arrêté : « *Pas de prisonniers armés,* » disait-il dans la soirée du 4, « *on fait toujours des prisonniers malgré mes ordres!* »

Le préfet de police, à son tour, interdisait la circulation à toute voiture publique ou bourgeoise, le stationnement des piétons dans la rue et la formation de groupes.

Mais ce fut surtout le lendemain, 4 décembre, que la lutte devint vigoureuse des deux côtés et que les ennemis de la loi, complices du coup d'Etat, se déchaînèrent avec fureur sur la population soulevée par l'indignation et la colère.

Rue Montorgueil, à la défense d'une barricade, un des chefs républicains échappé à un combat meurtrier ne reçut pas moins de douze blessures. Un autre, fusillé à bout portant et laissé pour mort, en reçut quinze et fut sauvé par une brave et courageuse femme qui alla le chercher parmi les cadavres amoncelés.

Rue Phélippeaux, une vingtaine de jeunes gens tinrent tête pendant plus d'une heure à un régiment de ligne ; ils périrent tous, victimes de leur dévouement.

Les boulevards étaient balayés par de terribles charges de cavalerie, accompagnées de la fusillade et de la mitraille. « *Des passants inof-*
» *fensifs* furent victimes de cette terrible fusil-
» lade », dit M. Mayer, un des admirateurs du coup d'Etat.

« A la hauteur du Château-d'Eau, » dit un apologiste des assassinats de décembre. « le
» colonel de Rochefort s'était élancé avec ses
» lanciers au milieu de la foule, *frappant d'estoc,*
» *de taille et de lance. Plusieurs cadavres restèrent*
» *sur le carreau.* »

Sur le boulevard Poissonnière, la canonnade fut dirigée contre la maison Sallandrouze, dont la façade fut trouée et criblée par les balles et les boulets ; *vingt-cinq ou trente personnes furent tuées.*

Sur le boulevard des Italiens, on tira sur plusieurs maisons. A la suite de la cavalerie, la troupe de ligne, sur les ordres de ses chefs, s'élançait, fouillait les maisons suspectes, fusillait ceux qu'elle arrêtait les armes à la main ou qu'elle supposait avoir pris part à l'insurrection.

La circulation était interdite sur les boulevards : « *On tirait sur tout ce qui traversait* », dit le capitaine Mauduit, autre admirateur du coup d'Etat, dont le témoignage n'est pas suspect.

Un journal semi-officiel, le *Moniteur parisien,* disait le lendemain que « *de mémoire d'homme, les boulevards n'avaient jamais eu un aspect si lugubre.* »

Voici, du reste, d'après le capitaine Mauduit, quel était, le 5 décembre, l'aspect des boulevards : « A l'entrée du faubourg Poissonnière,
» le boulevard offrait l'image du plus affreux
» désordre ; *toutes les maisons étaient criblées* de
» balles, tous les carreaux brisés, toutes les
» colonnes vespasiennes démolies et leurs dé-

» bris de briques répandus çà et là sur la chaus-
» sée... »

« L'on voit encore sur les marches du grand
» dépôt d'Aubusson *une mare de sang* que l'on
» eût bien dû faire disparaître en enlevant les
» vingt-cinq ou trente cadavres que l'on y avait
» rangés et laissés exposés pendant vingt-qua-
» tre heures aux regards d'un public conster-
» né. »

La sanglante répression employée pour abou-
tir à leurs projets criminels par les auteurs du
coup d'Etat avait, en effet, consterné la population. Les survivants aux barricades ne trouvè-
rent plus, le 5 décembre, que quelques rares
combattants qui répondirent à leur appel.

Le coup d'Etat de décembre, ce monstrueux
attentat à la liberté d'un peuple, cette violation
flagrante de la loi, était accompli !

Trente-deux départements furent mis en
état de siége.

Plus de 26,000 arrestations furent opérées
à Paris ; des individus arrêtés, les uns devaient
être déportés à Cayenne ou en Algérie, les autres devaient être expulsés du territoire avec
menace de transportation s'ils rentraient, d'autres enfin devaient être momentanément éloignés de France.

Soixante-cinq députés furent expulsés du

territoire ; dix-huit furent momentanément éloignés.

Dans les départements, la répression ne fut pas moins sanglante qu'à Paris. Plus de cent mille arrestations furent opérées !

III

Quinze jours après, l'appel au peuple eût lieu.

La France était terrorisée, affolée ! C'est ce moment-là que les bonapartistes choisirent pour la consulter !

Pour empêcher un réveil peu probable de l'opinion publique, des ordres rigoureux furent donnés aux préfets et aux commandants d'état de siége.

Tous les journaux républicains furent supprimés.

Il fut expressément interdit de se réunir.

Dans le Cher, le général d'Alphonse fit placarder un arrêté portant que « tout individu
» cherchant à troubler le vote ou *en critiquant*
» *le résultat* » serait « immédiatement traduit
» devant un conseil de guerre. »

Dans le Bas-Rhin, le préfet arrête que « la
» distribution des bulletins de vote ou d'écrits
» est formellement interdite. »

A Toulouse, le préfet annonce qu'il fera poursuivre « tout individu distributeur ou colporteur d'écrits ou de bulletins imprimés ou manuscrits qui ne sera muni d'une autorisation spéciale du maire ou du juge de paix. »

Le 20 et le 21 décembre 7,439,215 électeurs répondaient *oui* à l'appel qui leur avait été fait dans les conditions que l'on sait.

Malgré les fusillades sommaires et les transportations en masse, 666,737 électeurs eurent le courage de protester et de répondre *non* à l'usurpateur !

« PRÈS DE QUATRE CENTS CADAVRES D'HOMMES, DE FEMMES ET D'ENFANTS ÉTAIENT LES DEGRÉS SANGLANTS PAR OÙ LE PRÉSIDENT VENAIT DE MONTER AU POUVOIR SUPRÊME ! » (ERNEST HAMEL, *Histoire illustrée du second empire.*)

IV.

Voilà, électeurs qui vous laissez séduire par la devise mensongère des bonapartistes, voilà dans quelles conditions les hommes du coup d'Etat ont pratiqué l'appel au peuple !

Violation de la loi, arrestations illégales de représentants du peuple, guerre civile dans toute son horreur, fusillades sommaires, transportations en masse sous le climat meurtrier de la Guyane, suppression de la liberté de la presse et de la liberté de réunion : voilà ce qu'il a fallu aux bonapartistes pour faire leur premier appel au peuple !

Si, pour le malheur de la France, les bonapartistes recommençaient cette douloureuse expérience, voilà les conditions qu'il leur faudrait et l'effroyable état de choses qu'ils ramèneraient !

C'est un des leurs, Paul de Cassagnac, qui l'affirme dans le *Pays* : « *L'empire restauré sera le régime de 1852 dans toute sa splendeur!* »

Electeurs, qui vous laissez tromper par l'appel au peuple des bonapartistes, rappellez-vous ces paroles d'un des écrivains les plus autorisés du parti !

Si vous ne voulez pas préparer l'avénement d'un troisième empire qui serait la honte et la ruine du pays, rappelez-vous qu'elles glorifient le parjure et l'assassinat qui pendant vingt ans se sont imposés à la France !

Votez contre les candidats de ce faux appel au peuple qui ne peut être pratiqué qu'avec la violence, les fusillades et les transportations !

www.ingramcontent.com/pod-product-compliance
Lightning Source LLC
Chambersburg PA
CBHW061619040426
42450CB00010B/2571